누리 과정에서 쏙쏙

자연탐구 탐구과정 즐기기 – 주변 세계와 자연에 대해 지속적으로 호기심을 가진다.
신체운동·건강 안전하게 생활하기 – 안전사고, 화재, 재난, 학대, 유괴 등에 대처하는 방법을 경험한다.

초등 과정에서 쏙쏙

과학 3–1   4. 지표의 변화 – 2. 변화하는 땅
과학 3–2   2. 지층과 화석 – 1. 층층이 쌓인 지층
과학 4–1   3. 화산과 지진 – 1. 분출하는 화산, 2. 흔들리는 땅
과학 4–2   4. 지구와 달

감수 및 추천 이명근 박사(미국 존스홉킨스 대학교 교수 역임, 현재 연세대학교 보건대학원 교수)
세계 곳곳의 재난지에 뛰어들어 어린이들은 물론 도움이 필요한 사람들을 구조하며 봉사의 삶을 사는 분입니다. 알아야 더 잘할 수 있다는 믿음으로 연세대학교 보건대학원에 '국제 재난 대응 전문가 과정'을 개설하여 많은 재난 구조 전문가를 양성하고 있습니다. 국제 NGO인 '머시코'(Mercy Corp.)와 UNDP(유엔경제개발계획)에서 활동하기도 했습니다. 지금은 재난 구호의 필요성을 알리고, 아시아와 아프리카의 개발을 위해 '코이카'(KOICA, 한국국제협력단)와 국제 개발 기관인 '글로벌 투게더' 등과 함께 봉사에 앞장서고 있습니다.

글 이현정
동국대학교에서 문예창작학과를 졸업하고 출판 편집자로 어린이 책을 만들어 왔습니다. 두 아이를 낳은 뒤로 아이들을 위한 글쓰기와 그림책 기획에 온 마음을 쏟고 있습니다. 쓴 책으로는 〈이상한 나라의 앨리스〉, 〈닐스의 이상한 모험〉, 〈북극곰 루카를 도와주세요〉, 〈어린이를 부탁해〉, 〈하나 되는 세계를 위해〉 등이 있습니다.

그림 안혜성
대학에서 영상디자인을 공부하였습니다. 따뜻한 그림을 그리는 모임인 '돌고래자리'의 회원으로 활발한 활동을 하면서 어린이 그림책에 환상적인 시선을 불어넣고 있습니다.

자연의 신비 | 지진과 화산
53. 우르르 꽝, 지구가 뿔났다

글 이현정 | **그림** 안혜성
펴낸곳 스마일 북스 | **펴낸이** 이행순 | **제작 상무** 장종남
대표 조주연 | **주소** 서울특별시 종로구 사직로8길 20, 103호
출판등록 제2013 – 000070호   **홈페이지** www.smilebooks.co.kr
전화번호 1588 – 3201   **팩스** (02)747 – 3108
기획 · 편집 조주연 김민정 김인숙 | **디자인** 김수정 정수하
사진 제공 및 대여 셔터스톡 연합뉴스 프리픽

이 책의 모든 글과 그림 등의 저작권은 스마일 북스에 있습니다.
본사의 허락 없이 이 책에 실린 내용의 일부 또는 전체를 어떤 형태로든지
변조하거나 무단 복제하는 것은 법으로 금지되어 있습니다.

⚠ 책을 집어던지면 다칠 수 있으니 조심하십시오. 잘못 만들어진 책은 바꾸어 드립니다.

우르르 꽝, 지구가 뿔났다

글 이현정 | 그림 안혜성

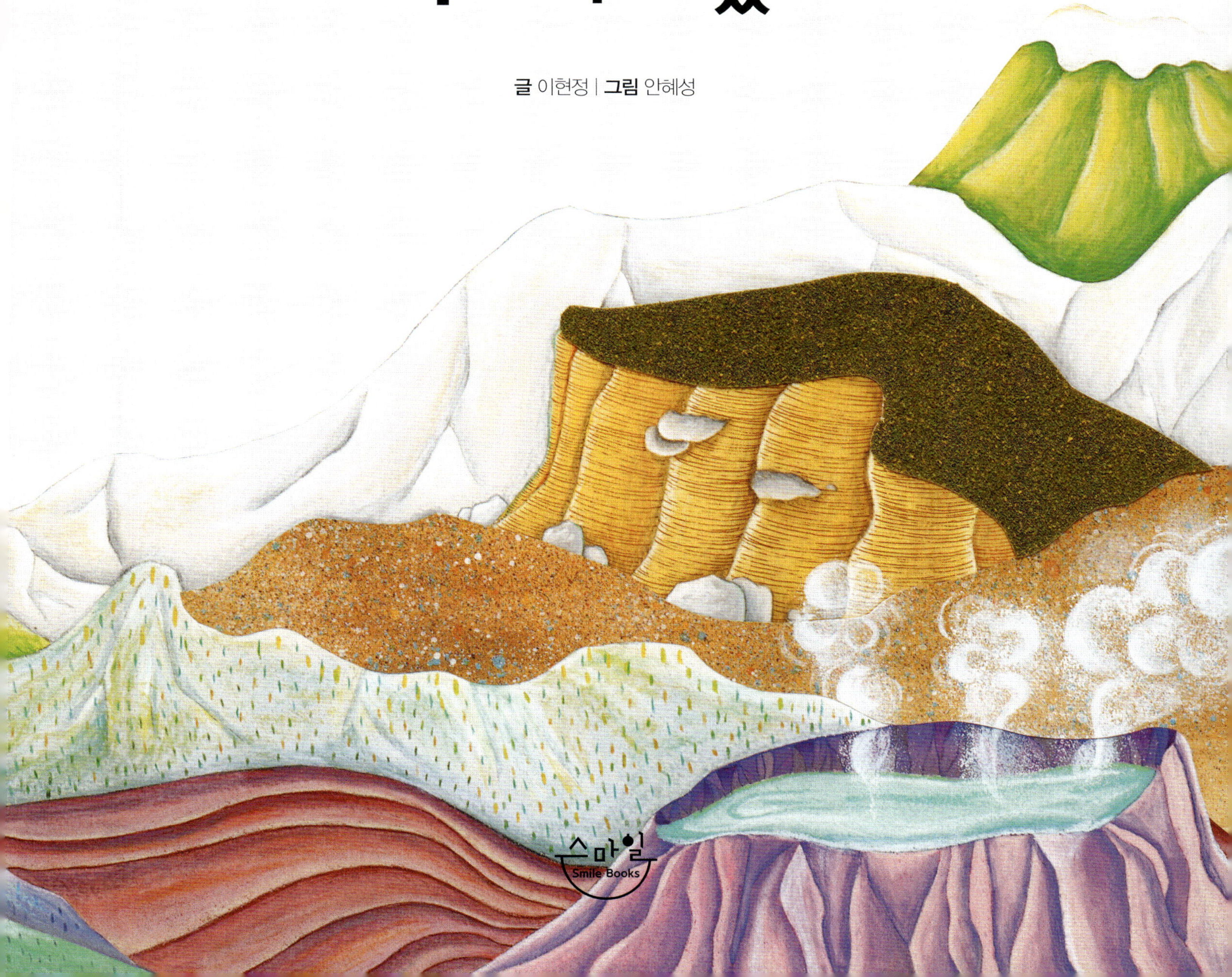

우리 가족은 일본에 있는 도시 벳푸로
*온천 여행을 갔어요.

온천 땅속에서 솟아 나오는 물에 목욕을 할 수 있게 만들어 놓은 곳이에요.

"다 왔다. 여기가 벳푸에서 가장 이름난 온천이야."
아빠가 자세히 일러 주셨어요.
마을 곳곳에서 뿌연 수증기가 피어올랐어요.
문 앞에 도깨비 상이 버티고 있어서
조금 으스스하기도 했어요.

도깨비야, 안녕?

짐을 풀고 편한 옷으로 갈아입고 있는데,
갑자기 탁자가 흔들렸어요.
"엄마, 무서워!"
동생은 놀라서 엄마 품에 안겼어요.
"괜찮아. 가벼운 지진이 일어난 모양이구나."
엄마가 동생을 다독여 주셨어요.

"아빠, 지진은 왜 일어나요?"
내 질문에 아빠는 빙그레 웃으며,
삶은 달걀을 톡톡 까셨어요.
그러고 나서 껍데기를 늘어놓으셨어요.

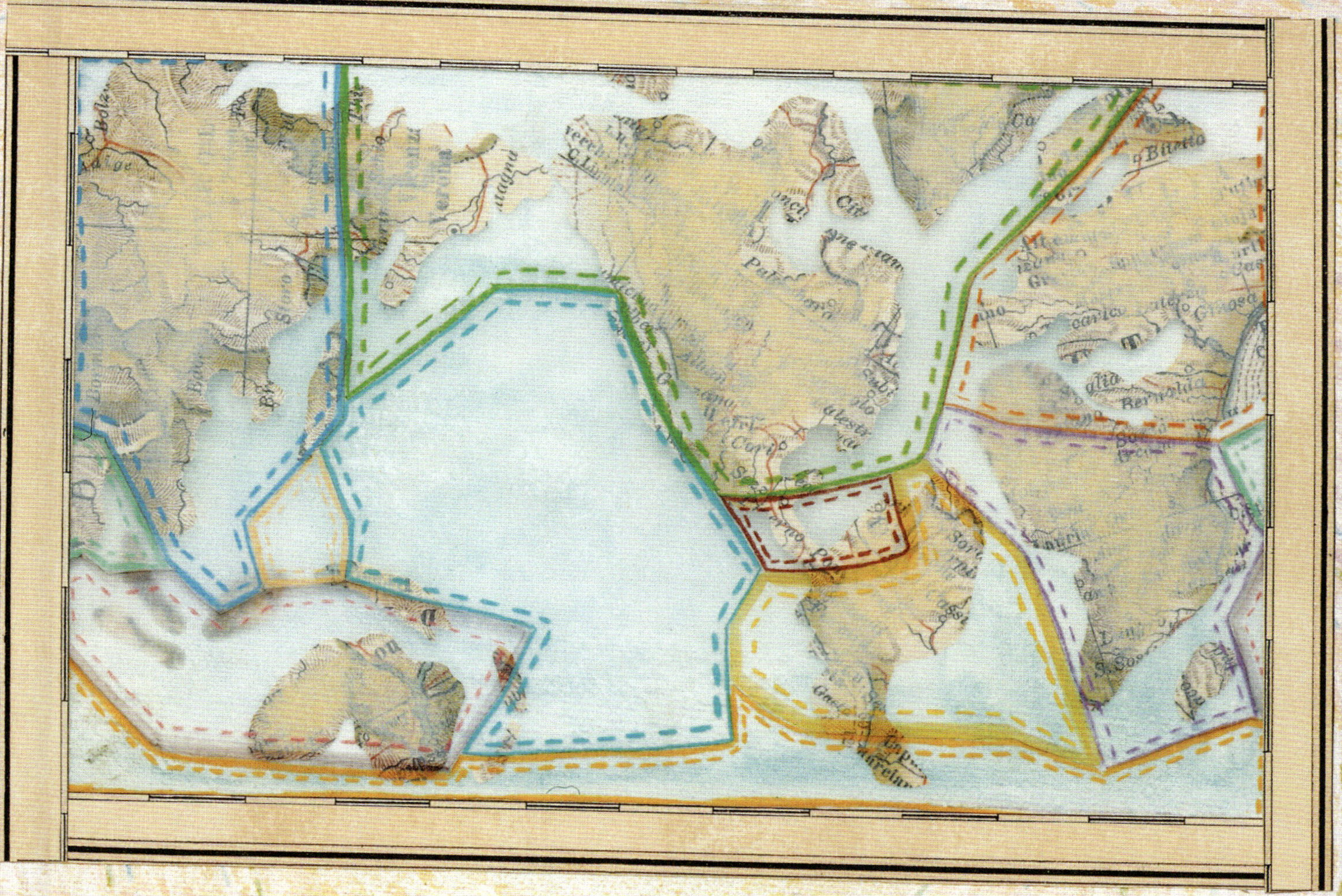

"우리가 살고 있는 지구의 겉은
이 달걀 껍데기처럼 여러 조각으로 나뉘어 있단다.
이 조각들이 서로 엇갈려 밀치면서
땅이 흔들리는 거야. 이것이 **지진**이란다."

"왜 조각들이 서로 밀쳐요?"
동생이 여쭈었어요.
"자, 달걀을 잘 보렴."
아빠는 달걀을 반으로 잘라 보여 주셨어요.
"지구도 이 달걀처럼 껍데기 밑에
흰자와 같은 말랑말랑한 부분이 있어.
더 깊이 들어가면 노른자 같은 부분도 있지."

나는 젤리처럼 말랑말랑해. 지구의 대부분은 내가 차지하고 있지.

맨틀

"달걀의 노른자에 해당하는 곳을 **핵**이라고 한단다.
핵은 엄청나게 뜨거워서 무엇이든지 녹일 수 있어.
그래서 핵 위에 있는 말랑말랑한 곳이
녹아서 이리저리 움직이는 거야.
움직이다가 서로 부딪치고 밀치는 거지."

"엄마, 갑자기 지진이 날까 봐 무서워요."
"너무 걱정하지 마. 지진을 연구하는 학자들이
지진이 일어날 것을 미리미리 알려 준단다.
지진은 사람이 느낄 수 없을 만큼 약한 지진도 있고,
오늘처럼 탁자가 흔들릴 정도의 지진도 있어."

＊진도 0~2 : 우리 몸으로 느끼지 못하고, 지진계에만 기록되지요.

진도 3 : 집과 전등, 창문이 흔들려서 소리가 나요.

진도 5 : 서 있기가 힘들고, 탑이 무너지고, 벽에 틈이 생겨 갈라져요.

진도 7 이상 : 집과 산이 무너져요.

진도 지진이 일어났을 때의 느낌이나 흔들림의 정도를 숫자로 표시해 놓은 것이에요.

지진의 강도에 따라 0부터 9까지 숫자로 표시한단다.

"걱정하지 말고 온천장으로 가자.
온천물은 몸에 아주 좋단다."
아빠가 싱긋 웃으며 말씀하셨어요.
나와 동생은 신이 나서 밖으로 나갔어요.
뜨거운 물이 땅속에서
퐁퐁퐁 솟아오르고 있었어요.

"아빠, 이 온천물은 왜 뜨거워요?"
"땅속 깊은 곳은 엄청나게 뜨겁다고 했지?
이 뜨거운 열 때문에 땅속에 있는 단단한 바위가 녹아 있는데,
그걸 **마그마**라고 해.
이 마그마 때문에 물이 뜨거운 거란다."

이때 땅 위에 틈이 생기면서 가스와 재,
마그마가 밖으로 나와요.

마그마가 모이면 땅의 약한
부분을 뚫고 올라와요.

그런데 땅속에 있던
마그마가 갑자기 지구의
겉을 뚫고 올라와
터지기도 한단다.
이것이 **화산**이야."

다음 날은 *아소 산에 갔어요.

아소 산에서는 뜨거운 연기가 솟아오르고 있었어요.

그런데 고약한 냄새가 솔솔 풍겨 왔지요.

아소 산 10만 년 전에 있었던 대폭발로 만들어진 산으로, 현재도 활동 중인 화산이지요.

"엄마, 냄새가 너무 이상해요."
우리 가족은 모두 코를 감싸 쥐었어요.
"아빠, 어쩐지 으스스해요.
혹시 지금 화산이 또 폭발하면 어떡해요?"
내가 불안해하자, 아빠는 말씀하셨어요.
"걱정 마라, 별일 없을 거야."

그때였어요.

"펑펑, 펑펑!"

갑자기 산 위에서 큰 소리가 울려 퍼졌어요.

"으악, 화산이 폭발한 것 같아!

빨리 도망가자."

우리 가족은 재빨리 뛰었어요.

어서 피해.

"호호, 아니야. 마을에서 불꽃놀이를 하나 봐."
엄마가 하늘을 가리키며 말씀하셨어요.
"후유, 다행이다."
나는 가슴을 쓸어내렸어요.
불꽃이 별처럼 밤하늘을 수놓았어요.

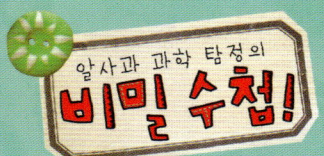

땅이 흔들리고 터져요

지구의 땅속에는 여러 개의 판이 있어요. 이 판들이 서로 부딪치거나 미끄러질 때, 땅이 흔들리거나 갈라져서 **지진**이 나기도 하고, 땅속이 폭발하면서 **화산**이 터지기도 해요.

심하게 흔들리는 땅, 지진

지진이 크게 나면 매우 위험해요. 건물이 흔들리거나 무너지고, 불이 나기도 해요. 땅이 갈라지면 사람이나 자동차가 빠지고, 도로가 휘거나 내려앉아요. 또, 산이 갑자기 무너져 내리거나 강력한 파도가 몰아치기도 해요.

집을 잃은 아이티 사람들이 천막을 치고 생활하고 있어요.

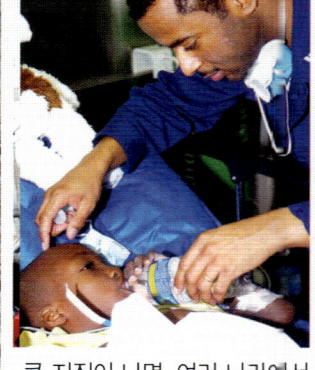

큰 지진이 나면, 여러 나라에서 많은 사람이 도와주러 오고 물품을 보내 주어요.

북아메리카의 아이티라는 나라에서 지진이 나서 수많은 피해를 입었어요. 집과 병원, 학교가 모두 무너져서 사람들이 다치거나 살 수 없게 되었어요.

불을 뿜는 산, 화산

땅속에 있는 뜨거운 마그마가 땅을 뚫고 터져 나올 때, 어마어마한 가스와 돌, 화산재가 함께 솟구쳐 올라요. 이것이 층층이 쌓여서 만들어진 산을 화산이라고 해요.

마그마
땅속에서 높은 열에 의해 암석이 녹은 것을 마그마라고 해요. 마그마가 모이면 땅의 약한 부분을 뚫고 올라와요.

분화구
화산의 꼭대기 부분으로, 마그마가 솟구치는 곳이에요.

용암
땅 위로 나온 마그마를 용암이라고 해요.

지진과 화산에 대한 요런조런 호기심!

산이 폭발하면 어떡해요?

우리 주변에 있는 산은 절대 폭발하지 않으니까 걱정하지 마. 산이 폭발하려면 그 산 밑 땅속에 마그마가 끓어오르고 가스가 가득 차야 해. 그런데 그런 일은 아무 산에서나 일어나지 않아. 화산이 아닌 산은 봉우리가 뾰족하고, 멀리서 보면 구불구불한 산등성이가 보인단다.

산(왼쪽)의 봉우리는 뾰족하고, 화산(오른쪽)의 봉우리는 뭉툭하고 분화구가 있어요.

화산 가까이에도 사람이 살고 있나요?

화산이 있는 곳뿐만 아니라 주변 넓은 지역의 땅속은 무척 뜨거워. 그래서 이 열을 이용한 온천이 많이 생겨나서 사람들이 즐겨 찾는 관광지가 되지. 또, 땅속의 열을 끌어다가 발전소를 만들기도 하고, 여러 가지 광물을 캐내는 시설을 만들기도 해. 이런 관광지나 공장에서 일하는 사람들은 화산 가까이에서 살기는 하지만, 화산이 갑자기 터지는 일은 거의 없기 때문에 크게 위험하지는 않단다.

아이슬란드에 있는 지열 발전소예요. 땅속의 열을 이용해서 전기를 만드는 곳이에요.

지진이 일어났을 때는 어떻게 해야 하나요?

지진이 일어나면 우선 건물의 가스나 불을 끄고 창문에서 멀리 떨어진 곳으로 몸을 피해야 해. 책상이나 침대 아래에 있거나, 만약 몸을 숨길 장소가 없을 때에는 푹신한 방석으로 머리를 보호해야 한단다. 또한 지진의 피해를 줄이기 위해서는 지진에 대한 방송을 주의 깊게 들어야 한단다.

책상 아래에 있어야 떨어지는 물건을 피할 수 있어요.

지진을 미리 알 수는 없나요?

과학자들이 많은 장비를 이용해서 지진이 나는 곳을 미리 알려고 애쓰고 있지만, 쉬운 일은 아니야. 그런데 동물이 사람보다 냄새도 잘 맡고 땅속에서 일어나는 변화를 더 잘 느낄 수 있어서 지진이 일어날 것을 알아챈다고 해. 개는 지진이 나기 전에 흥분해서 날뛰거나 구슬프게 짖어 대기도 한대. 곰이나 사슴 같은 큰 동물이나 새, 곤충은 그 지역을 떠나기도 한단다.

지렁이들도 지진이 일어날 것을 미리 알고 떼 지어 땅 위로 나와요.

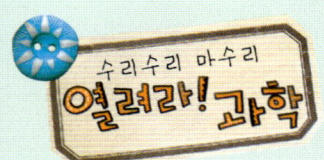

화산은 우리나라에도 있어요

화산은 전 세계에 널리 퍼져 있어요. 물론 우리나라에도 있지요. 하지만 우리나라에 있는 화산은 지금은 활동하지 않아요. 우리나라에 어떤 화산들이 있는지 알아볼까요?

제주도의 **한라산** 꼭대기에는 화산 폭발로 생긴 호수 '백록담'이 있어요.

한반도에서 가장 큰 산인 **백두산** 꼭대기에는 화산 폭발로 생긴 아주 넓은 호수 '천지'가 있어요.

독도는 동해 끝에 있는 우리나라 땅이에요. 바닷속 화산 폭발로 만들어진 섬이지요.

울릉도도 바닷속 화산 폭발로 만들어진 섬이에요. 바다와 닿아 있는 곳이 대부분 절벽으로 이루어져 있지요.

부글부글 폭발하는 화산 만들기

이제부터 깜짝 놀랄 만한 화산 폭발 실험을 할 거예요. 준비되었나요?

준비물 밀가루, 빨간 물감, 소다, 식초

밀가루를 반죽해 산을 만들어요.

산 가운데에 구멍을 살짝 뚫어요. 그 안에 빨간 물감을 짜 넣어요.

구멍 안에 소다를 넣어요.

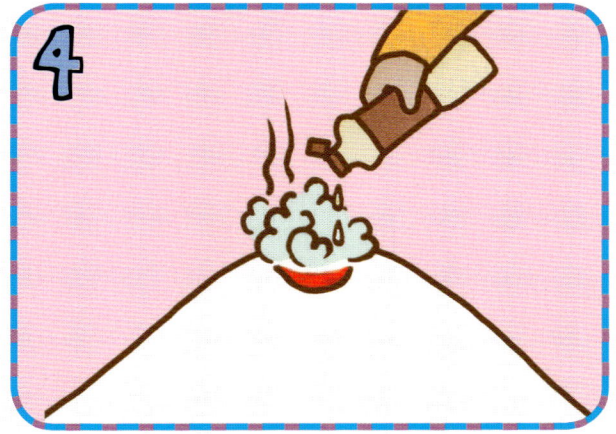

마지막으로 식초를 부으면 화산이 부글부글 폭발하면서 용암이 흘러나와요.

엄마, 아빠에게

식초와 소다가 만나면 서로 반응을 일으켜요. 그 반응으로 이산화탄소가 생기지요. 부글부글 끓어오르는 것이 바로 이산화탄소예요. 가스와 함께 나온 마그마가 용암으로 흐르는 것에 대해서도 이야기를 나눠 보세요.

《알사과 과학 동화》를 추천하면서

이명근 박사
(미국 존스홉킨스 대학교 교수 역임,
현재 연세대학교 보건대학원 교수)

환경 파괴로 투발루를 비롯한 남태평양의 여러 섬이 점점 바다에 잠기고 있습니다. 지구의 허파 아마존의 산림이 훼손되고 있으며, 토양의 사막화가 빠르게 진행되고 있습니다. 황사와 미세 먼지가 기승을 부리고, 수질 오염으로 동물과 식물, 인간이 병에 노출되고 있습니다.

국제 구호 전문가와 국제 재난 전문가로 활동하면서 내가 가장 가슴 아픈 순간은, 구조의 손길을 받지 못한 아이들을 보았을 때입니다. 이런 재난에서 벗어나려면 과학적 사고가 필요합니다. 과학은 우리가 살고 있는 우주의 과학 현상을 오랫동안 관찰하고 탐구해서 나온 자연의 법칙을 체계화한 학문입니다. 자연 과학의 발달은 일상생활에서 여러 방향으로 응용되고 있습니다. 날씨나 화산 폭발, 지진을 예측해 대비할 수 있게 되었습니다. 과학의 발달은 재난에 처한 사람들을 더 많이, 더 빨리 구호될 수 있게 해 주었습니다.

그런 점에서 볼 때, 스마일 북스의 출판 철학은 '알아야 더 잘할 수 있다'는 내 삶의 가치와 닮아 있어 반가웠습니다. 과학 교육을 기반으로 올바른 인성을 향해 가는 출판 철학이 《알사과 과학 동화》를 만들어 낸 것이라고 생각합니다. 《알사과 과학 동화》는 아이들에게 과학적 사고력을 높이고, 환경과 재난에 대한 가르침을 주는 유익한 과학 동화라고 생각합니다.

세상의 모든 어른은 아이들을 보호하고 가르칠 의무가 있습니다. 내가 주장하는 교육의 가치는 똑똑한 아이로 가르치는 것보다 자신을 지키고, 남을 도와줄 수 있는 아이가 되도록 가르치는 데 있습니다. 교육의 질을 높여 우리의 미래인 아이들이 과학적이고 창의적인 사고, 올바른 가치관을 지닌 자기 주도적 삶을 깨닫기를 바랍니다. 《알사과 과학 동화》가 아이들의 생각을 크게 열어 주고, 과학적 사고의 가능성을 꽃피우는 씨앗이 되길 바라면서 진심 어린 응원을 보냅니다.